이별이 추억으로 가 닿을 때까지

김애경 디카시집

도서출판 실천

이별이 추억으로 가 닿을 때까지

한국디카시학 시인선 011

초판 1쇄 인쇄 | 2023년 1월 10일
초판 1쇄 발행 | 2023년 1월 15일

지 은 이 | 김애경
펴 낸 이 | 민수현
엮 은 이 | 이어산
기획·제작 | 한국디카시학
발 행 처 | 도서출판 실천
등 록 번 호 | 제2021-000009호
등 록 일 자 | 2021년 3월 19일

서울사무실 | 서울특별시 종로구 율곡로 6길 36
　　　　　 02)766-4580, 010-6687-4580

편 집 실 | 경남 진주시 동부로 169번길 12 윙스타워 A동 810호
전　　 화 | 055)763-2245, 010-3945-2245
팩　　 스 | 055)762-0124
전 자 우 편 | 0022leesk@hanmail.net
편집·인쇄 | 도서출판 실천
디자인실장 | 이예운　디자인팀 | 변선희, 이청아, 김승현

ISBN 979-11-92374-14-7
값 12,000원

* 이 책은 전부 또는 일부 내용을 재사용하려면 저작권자와 '도서출판 실천'의 동의를 받아야 합니다.
* 이 책의 국립중앙도서관 출판예정도서목록(CIP)은 서지정보유통지원시스템(http://seoji.nl.go.kr)과 국가자료종합목록시스템(http://www.nl.go.kr/kolisnet)에서 이용하실 수 있습니다.
* 잘못된 책은 교환해드립니다

이별이 추억으로 가 닿을 때까지

김애경 디카시집

■ 시인의 말

걷다가도 눈앞의 풍경과 사물들이 번뜩 가슴을 치면
사진을 찍었다.
재빨리 낚아채 한땀한땀 쟁여놓은 것들이
시집으로 묶였다.

이 무상한 일들을 묵묵히 지켜보아 준 남편에게
사랑과 감사의 인사를 전한다.
글과 사진에 길동무가 되어준
복효근 시인, 이동욱 화가께도 고마움을 전한다.

지난가을 끝자락에 먼 길 떠나신 엄마께 이 시집을 바친다.

2022년 깊은 겨울
김애경

■ 차례

1부 꿈꾸는 로라

이별이 추억으로 가 닿을 때까지 · 12
제 빛깔로 · 14
경계 너머 · 16
그냥 그렇게 · 18
그림자와 춤을 · 20
금이 갔다 · 22
만삭 · 24
기싸움 · 26
기적 · 28
꽃 지고 · 30
꽃눈 · 32
꽃별 · 34
꽃불 · 36
꿈꾸는 로라 · 38

2부 동백 지다

길잡이 · 42

나비효과 · 44

이 나무의 이름 · 46

벽화 · 48

대추의 마음 · 50

동백 지다 · 52

고추가 익을 무렵 · 54

숨바꼭질 · 56

먹시감 · 58

울음 · 60

하늘 벽화 · 62

별식別食 · 64

봄 바다 · 66

봄 · 68

3부 소라의 꿈

붉게 타오르던 · 72

뿌리가 나뭇잎에게 · 74

새의 흔적 · 76

새벽 노을 · 78

섬 · 80

소라의 꿈 · 82

속담 지우기 · 84

속울음 · 86

수업 · 88

혼술의 미학 · 90

흥복사 구렁이 · 92

귀로 듣는 풍경 · 94

첫 새벽 · 96

4부 초대받지 않은 손님

억새밭 · 100

달등月燈 · 102

외도 · 104

길 · 106

피안은 어디 있을까 · 108

자족 · 110

징검꽃길 · 112

사랑의 에어쇼 · 114

그 겨울의 끝 · 116

초대받지 않은 손님 · 118

초심으로 · 120

허기 · 122

길 · 124

해설

디카시로 보여주는 형이상학적 내면세계 – 복효근 · 126

1부

꿈꾸는 로라

이별이 추억으로 가 닿을 때까지

아프겠지만

그것도 잠깐이야

돌아보지 마

너의 길을 가

제 빛깔로

저마다 제 빛깔 내뿜을 뿐인데

사람들은

고우니 미우니

경계 너머

초로의 두 남자

수평선 저 너머를 바라보고 있다

숱하게 오갔던 경계

허물어진 자리엔

파도만 일렁일 뿐

그냥 그렇게

마음 감추고 머얼리 시선 던졌다가

힐끗

그게 편해요

아닌 듯 또 그런 듯

그냥 그렇게

그림자와 춤을

가을바람 살랑살랑

추정秋情에 겨워

슬로우 퀵

슬로 슬로우 퀵퀵

금이 갔다

바다로 나간 소년은

작은 별 하나 따

내 창에 던졌다

나는 뱀처럼 그 금 속으로 기어들어가

긴 겨울잠에 빠지고 싶다

만삭

겹겹 흰 꽃잎 자궁 속에서

꿈틀이며

첫울음 봄햇살

기다린다

기싸움

내려와

내가 잘못했다니까

정말

반성을 하긴 한 거야

기적

여기까지가 가을이다

햇살의 황금 지팡이가 닿자

쫙 갈라지는

은행잎 바다

꽃 지고

너도 아프구나

숭숭

뚫린 네 가슴

꽃눈

순백의 편지지 곱게 접어 안고

계절의 교차로에서

실눈 뜨고 기다린다

어디까지 오셨는지

내 마음 읽어줄 그 사람

꽃별

어린 왕자 찾으러 왔다가

초록 그물에 걸려

지상에 안착해버린

별들

꽃불

목 길게 늘이고 누구를 기다리나

꽃불 밝혀 들고

나비 다녀간 지

백 년도 지난 것 같아서

꿈꾸는 로라

내 길 내가 가고 싶어

집 나왔어요

바람,

너는 내 마음 알지

2부

동백 지다

길잡이

빨간 알전구 하나

마른 수풀 속 길 잃은 딱정벌레

집 찾아가겠네

나비효과

웃고 있네 마냥 웃고 있네

여행에서 돌아와

누웠어도

괜시리 헤죽헤죽

이 나무의 이름

−이 나무 이름 뭐야

−이나무

−아 글쎄 이 나무 이름 뭐냐구

−이 나무가 이나무라니까

벽화

먹물 듬뿍 찍어

그려놓은 수묵화 한 점

낙관이 없어

바람만 기웃기웃

대추의 마음

차마 놓지 못한

미련

작은 등처럼 매달려

동백 지다

몰아친 파도 소리에

뚝~ 꽃잎이 진다

절정이 지나서도 그 입술

그 심장 붉다

고추가 익을 무렵

매운맛에 걸려

더러 사래 기침도 하다가

어느새 산마루 내달리는 바람

다독이며 하는 말

애썼다

숨바꼭질

무궁화 꽃이

아니, 참외꽃이 피었습니다

들킬까 봐

살금살금

지나가던 바람도 멈칫

먹시감

할머니 얼굴에도 피었었지

검버섯

장독대에 감춰두셨다가

몰래 건네주시던

울음

소리 내며 흐르는 것들은

다 이유가 있다

네가 그러하듯이

내 마음이 그러하듯이

하늘 벽화

누구신가

한 생을 요약하여 그려놓으신 이

이 가을 하늘벽에

별식別食

어떤 양념을 뿌렸는지

하늘그릇에 소담스레 담긴

자주빛 구름장

새벽 기지개 켜며

눈맛수저 들기 바쁘다

봄 바다

꽃바다 꽃보라 일으키니

마음 가리키는 그곳 몰라

몰라서

꽃너울 파도 타고 이 무슨 멀미

꽃멀미

봄

쉿!

들려?

우렁차고 가쁜 숨소리

3부

소라의 꿈

붉게 타오르던

슬쩍 건네 준 애기단풍

한 잎

차마 눈 맞추지 못하고

고개 돌린 백양산 기슭 저편

숲만 빨갛게 물들었다

뿌리가 나뭇잎에게

이제,

그만 내려와요

우리들 사랑이 사라지면 어때요

새봄은 올 거잖아요

새의 흔적

얼마나 많은 새들이 울다가 갔을까

발자국만 어지럽다

그나마 잎 지면 사라질

그 자취

새벽 노을

타오르는 게

어디 너뿐이랴

나의 다비식을 내가 본다

섬

섬은 골몰하고 있다

감춰뒀던 옛 기억들을

파도에 실어

거푸거푸

던지고 사라지며

소라의 꿈

'쏴~아~'

귀 대면 들려오는 너의 음성

구르고 굴러

가루가 될지라도 포기할 수 없는

속담 지우기

새벽마다 속담을 지우는 사람이 있다

'모래사장에서 바늘 찾기'

속울음

잔잔한 한숨이 묻어 있다

고개를 떨구고 있어도

자존심까지야

수업

잔잔하던 바다에 바람이 인다

새 한 마리 바람 한 점 물고가자

어디선가 귀를 여는 소리

무심하다

혼술의 미학

자작자작

그리운 맘 타오른다

마셔서 그리운 게냐

그리워 마시는 게냐

흥복사 구렁이

"원통하다 원통해!

흥복아내의 선행으로

나, 악업을 벗지 못하였네"

급히 도망가다

신단수에 박힌 구렁이

* 신단수神壇樹 : 김제 흥복사에 있는 600년 수령의
　　　　　　고목

귀로 듣는 풍경

아스라한 저쪽

가슴 깊이 안겨있는

소리로 이루어진 풍경 하나

희미해지다가도

파도소리에 되살아나는

첫 새벽

손톱달 나와

엿보고 있다

한 가지 색으로 요약할 수 없어

옅은 구름이 살짝 가려주는

4부

초대받지 않은 손님

억새밭

귀 기울이면

울음 섞인 웃음소리

웃음 섞인 울음소리

햇살이 그림자 몰고 가다

문득 발을 멈추는

달등月燈

어두운 길

못 오실까 봐

살그머니

달아놓았어요

외도

보내고 싶은 방향은

따로 있는데

길 잃기 일쑤다

나도 막다른 골목이라며

주저앉았던 적 참 많았다

길

창공을 향해 오를 수 없다 해도

내 길은 내가 만들어간다

피안은 어디 있을까

수평선 저쪽에서 보면

여기가 피안

차안此岸을 다독이는 발걸음 소리

자박자박

자족

제게 주어진 그 빛깔 모습으로

하늘에 눈길 주고

땅의 소리에 귀 기울이고

결코

서두르지 않으며

징검꽃길

부서지기도

무너져 내리기도 했던

마음

늙으막 햇살에

꽃등을 켠다

사랑의 에어쇼

자

다음 우리가 그릴 문자는 'OVE'

제군들, 분발하라

이미 첫 자는 완성했으니

그 겨울의 끝

척후병의 저 첫 발자국

저 신호 따라 봄이 올 것이다

초록의 군대가 저 길로 진군할 것이다

초대받지 않은 손님

드레스 코드는 초록이라 했건만

혼자 불콰한 빛깔 걸치고

흔들흔들

어디서 전작前酌이 있으신가?

초심으로

아무렴, 천릿길도 한 걸음부터지

또옥 똑

땅을 두드리는 소리

날갯짓 접고

걸음마 연습 중

허기

거품 내뿜으며

꽉 다물었던 옹골찬 날들 가고

허허한 마음

모래로 채우고 있다

길

밥, 밥 달라 외치며

늘 한솥밥 먹어도

먼 길 갈 때는

앞서거니 뒤서거니

따로 가는 길

■ 김애경 디카시 해설

디카시로 보여주는 형이상학적 내면세계

복효근 (시인)

 시인 김애경은 이미 네 권의 시집을 펴내고 자신만의 세계를 열어가고 있다. 그러한 시인이 이번엔 디카시를 선보인다. 시는 언어예술이라는 보수적 견해를 고수하기 쉬운 기성 세대 시인으로 쉽지 않은 선택이었을 것이다. 아날로그 세대로 분류될 수 있는 통상적인 기준에 비춰보면 매우 개방적이고 도전적인 작업이 아닐 수 없다. 디지털카메라를 사용하여 시적 순간을 포착하는 기술적 기민성이 필요하고 기존의 시 창작 방법과는 다른 디카시만의 언술 기법에 익숙해야 가능한 일이기 때문이다. 그럼에도 불구하고 디카시로써 시인이 도달한 지점은 결코 가볍지 않은 무게와 그만의 빛깔을 얻고 있음을 보게 된다. 언뜻 평범한 듯 보이는 이미지에서 길어내는 시적 사유가 평범하지 않다. 찰나적 이미지 포착과

짧은 언술의 결합에서 미학을 성취해 내는 디카시의 본질을 잘 파악하고 있다. 다음에서 살펴보는 몇 개의 작품이 이를 잘 증명해준다.

아프겠지만
그것도 잠깐이야

돌아보지 마
너의 길을 가

_「이별이 추억으로 가 닿을 때까지」

한 마리 왜가리가 고요한 수면 가운데 서 있다. 제 그림자가 선명히 비추어질 정도로 물이 고요하다. 마치 제 그림자를 보며 생각에 잠긴 듯도 하다. 시인은 이 장면을 이별을 겪은 사람의 내면풍경으로 환치하여 시상을 펼쳤다. 사진 속의 장면이 객관적 세계라면 시인의 언술은 내면의 심리적 풍경이라는 것이다. 시 속에 '너'는 물론 불특정(혹은 특정)의 2인칭의 대상일 수도 있지만 객관화된 '나'일 수도 있다. 이별을 겪은 사람이다. 어떤 형태의 이별이든 그것은 심리적 고통을 동반하기 마련이다. 고통 없는 이별은 없다. 사진 속의 왜가리는 혼자다. 그 왜가리에게서 이별을 한, 그래서 혼자일 수밖에 없는 어떤 대상을 떠올린 것이다. 말할 수 없는 이별의 고통 속에서 수면을 응시하고 있는 외로운 한 개인을 상정한 것이다.

그리하여 홀로된 '너'에게 위로의 말을 건넨다. "이 또한 지나가리라."는 유명한 잠언구가 있듯이 고통도 기쁨도 영원한 것은 없다. 그것은 어쩌면 마음의 문제일 수도 있다. 그래서 시인은 무소의 뿔처럼 혼자서 제 갈 길 가라고 등을 토닥이고 싶은 것이다. 이 디카시는 이처럼 이별을 겪은 상대 혹은 자기 자신에게 위로의 메시지를 담고 있는 것이다.

어쩌면 실제 객관적 풍경과는 관계가 없는 시인의 내면 풍경이 직관에 의하여 하나로 겹쳐져 묘한 시적 아우라를 연출하게 된다. 그것이 디카시의 묘미라고 할 수 있다.

가을바람 살랑살랑

추정秋情에 겨워

슬로우 퀵

슬로 슬로우 퀵퀵

_「그림자와 춤을」

  나무가 햇살에 비추어져 벽에 그림자를 던지고 있는 장면이다. 바람의 방향에 따라 흔들거리는 모습까지 벽면에 연출된다. 나무가, 나무 그림자가 춤을 춘다. 때는 가을이어서 나뭇잎도 몇 개 남지 않았다. 시인은 물리적인 계절로서 가을보다는 이 풍경을 통해 인생의 가을을 환기하고자 한다. 인생에도 가을이 있다. 누구에게나 피할 수 없는 섭리다. 쓸쓸함이 찾아오는 것이다. 지나온 길보다 갈 길은 짧다. 생의 무상함이 때로 엄습해온다. 그렇다고 어쩌겠는가? 마냥 허무에 사로잡혀 살 수는 없지 않은가? 나무가 제 그림자를 벽에 던져놓고 함께 흔들거리며 춤을 추듯 쓸쓸하지만 나는 나의 그림자와 더불어 슬로, 슬로우 퀵퀵 춤이라도 춰보는 것이다.

  그저 평범한 장면을 그냥 지나치지 못하고 시인은 카메라를 들이댔을 것이다. 한 장면의 이미지가 시인의 내면에 어떤 감흥을 일으켰기 때문일 것이다. 인생의 가을 무렵에 겪는 내면의 그 어떤 정서에 이 이미지가 겹치는 것이다. "그래, 가을 무렵의 저 앙상한 나무가 그러하듯이 쓸쓸하고 덧없는 인생이지만 춤이라도 춰보자. 한탄한다고 달라질 것은 없다. 바람 부는 대로 내 홍에 겨워 슬로 슬로 퀵 퀵 흔들려보는 것이다." 그런 생각이 스쳐 갔을 것이다. 이미지 한 장이 때로는 이렇게 인간 내면에 잠재해 있는 그 어떤 정서를 불러내어 한 편의 시로 탄생되기도 하는 것이다. 디카시만의 매력을 마음껏 드러내는 작품이라고 하겠다.

쉿!

들려?

우렁차고 가쁜 숨소리

_「봄」

　이 시는 3행으로 이루어진 시다. 만약 사진이 언술과 나란히 놓이는 방식으로 이루어지는 디카시의 형식이 아니었다면 이 시는 매우 긴 묘사와 때로는 서술이 필요했을 것이다. 사진은 보는 즉시 나무의 땅속 뿌리가 시간이 지나면서 굵어져서 그것을 덮고 있는 아스팔트에

균열을 내는 장면이라는 것을 알게 한다. 시각의 즉시적 효과이다. 이 장면에서 시인은 역동적인 생명의 호흡을 듣고 놀라운 생명의 에너지를 느끼게 된다. 견고한 아스팔트마저 부수고 솟구치는 생명의 고동소리를 감지하고 시인의 가슴에도 생명 의지가 벅차오르는 것을 느끼는 것이다.

사진이 담고 있는 시적 모티프를 취하고 여기에 간결한 언술이 결합하여 한편의 디카시를 이룬 것이다. 사진 그 자체가 예술적일 필요는 없다. 물론 초점이 잘 맞아야 한다거나 담고자 하는 피사체가 적당한 크기로 적당한 구도로 포착되어야 하는 것은 맞지만 무엇보다 중요한 것은 한 장면에서 포착한 시적 모티프가 잘 담겨 있느냐 하는 것이 중요하다. 이미 사진이 그것을 담고 있다 할 때 긴 설명이나 묘사는 필요 없어진다. 그래서 디카시의 언술은 길 수가 없다. 길면 안 된다. 이 시는 그래서 디카시의 전형적인 기법에 충실한 작품이라 할 것이다. 그러니까 디카시에서 사진은 시인의 내면의 심리(생각,정서,사상)를 대신할 수 있는 객관적 상관물이다. 디카시에서 언술은 이미지로 포착된 객관적 상관물에서 생각, 정서, 사상을 펼쳐보이는 언어적 진술인 것이다.

사진(장면)이 먼저냐 생각이 먼저냐 하는 질문이 가능해진다. 인간의 내면에는 헤아리기 어려울 만치 많은 형태의 생각과 정서와 다층적인 사고가 의식 또는 무의식으로 존재하기 마련이다. 물론 그것은 미술과 음악이나

혹은 언어적 표현으로 표현될 수 있을 것이다. 그런데 어떤 장면은 인간의 내면에 잠재되어있는 것들을 촉발시켜주는 발화제가 되기도 한다. 그것이 디카시의 이미지다. 시인은 일상 속에서 이런 순간을 놓치지 않는다.

귀 기울이면
울음 섞인 웃음소리
웃음 섞인 울음소리

햇살이 그림자 몰고 가다
문득 발을 멈추는

_「억새밭」

평범한 가을 강변 풍경이다. 억새가 우거져 있고 파란

하늘이 펼쳐져 있다. 이러한 풍경 앞에서 발을 멈추는 것이 시인이다. 그저 무덤덤하게 일상을 바라보지 않는다. 사소한 것에서 사소하지 않은 의미를 찾아내고 의미를 부여하고 형이상학적, 미적 가치를 부여하는 것이다. 억새는 '으악새'라고 불리던 풀이다. 마른 억새밭에서는 수런대는 소리 혹은 서걱이는 소리가 들린다. 그래서 옛노래에도 "아아, 으악새 슬피우니...."하지 않았던가. 인간은 감당할 수 없는 비밀을 대밭이거나 갈대밭이거나 억새밭에 와서 풀어놓는다. "임금님 귀는 당나귀 귀"라고 외친 곳도 이런 억새밭이었다. 인간의 은밀한 비밀이 풀 수 없는 암호로 서걱이는 곳이다. 억새밭에 귀를 기울이는 시인은 인간의 애환을 듣는다. 웃음뿐일 것 같아도 거기엔 얼마간의 울음이 섞여있기 마련이다. 울음일 것만 같아도 거기엔 얼마간의 웃음도 있을 것이다. 삶이 그렇다. 시인은 억새밭을 지나며 인간의 애환이 다 그 안에 들어있음을 감지한다. 기쁨과 슬픔으로 작곡된 삶의 긴 교향악을 거기서 듣는다. 어디 슬프다고만 할 것인가, 어디 기쁘다고만 할 것인가? 생의 가을에 이른 시인은 삶이 어느 한 색깔로만 이루어지지 않음을 통찰하게 된다. 그러한 생각을 잘 드러내주는 객관적 상관물을 만난 것이다. 억새밭이다. 이 순간을 놓치지 않고 시인은 카메라를 꺼냈을 것이다.

수평선 저쪽에서 보면

여기가 피안

차안此岸을 다독이는 발걸음 소리

자박자박

_「피안은 어디 있을까」

 스님 두 분이 나란히 걷고 있는 장면이 포착되었다. 스님은 피안으로 가는 길을 찾기 위해 구도의 길에 나선 사람이다. 피안은 말 그대로 '물 건너 저편 언덕'을 가리킨다. 차안과 피안 사이엔 '고해'가 가로놓여 있다. 반야용선을 타고 그 고해를 무사히 건너고자 지혜를 닦는 사람이 스님이다. 그 스님이 지금 차안의 세계를 부지런히 걷고 있다. 한 시도 화두를 놓지 않고 용맹정진

하면서 지혜를 구하고 있을 것이다. 그런 스님을 만나 시인은 엉뚱한 질문을 던지고 있다. "피안은 어디 있을까?" 묻는다. 시인은 피안은 그 어떤 곳에 따로 마련된 어떤 곳이 아니라 이미 여기가 피안이 아닐까 하는 생각에 이른다. 저쪽에서 보면 이쪽은 저쪽이 된다. '차안'이 단순한 상대적인 개념이라는 의미는 아니다. 그것은 마음의 문제라는 뜻이다. "차안此岸을 다독이는 발걸음 소리"라는 표현에 주목하자. 차안을 다독이면, 다독이고 나면 차안이 피안이 된다는 뜻 아닌가? 어디 따로 가서 도달하는 그 지점이 아니라 결국 도달할 그 지점도 차안이라는 것이다. 차안이 피안이 되는 것이다. 달리 말하면 차안과 피안은 다르지 않다는 말이기도 하다. 그냥 사진만 보면 스님 두 분이 마스크를 쓰고 걷는 장면이다. 그러나 언술 부분과 함께 보면 시인이 경험한 깊은 종교적 사유가 따라오는 것을 볼 수 있다. 디카시의 매력이 여기에 있다.

제게 주어진 그 빛깔 그 모습으로

하늘에 눈길 주고

땅의 소리에 귀 기울이고

결코

서두르지 않으며

_「자족」

  시인의 철학이 어느 순간 어떤 풍경과 마주쳤다. 철학이라는 형이상학적 사유체계는 눈에 보이지 않는다. 말 그대로 형상을 갖고 있지 아니하고 머릿속에 존재한다. 그런데 어느 순간 마주친 한 장면이 그 철학을 잘 드러내주고 있는 것이다. 바로 담쟁이덩굴이다. 평소에 시인은 한 발짝 한 발짝 황소걸음으로 "결코/ 서두르지 않으며" 성실하게 살아가는 것을 가치 있는 일이라 생각했을 것이다. 땅에서 밥을 얻어먹고 옷과 집을 얻어서 거기에 기대어 사는 동물이긴 하지만 그래도 늘 마음속에는 높은 이상과 가치를 지니고 살아간다. 하늘의 섭리를 늘 우러르며 사는 것이다. 담쟁이덩굴이 하늘을 향해 조금씩 자라 담을 기어오르듯이 말이다. 그런가 하면 발 딛고 사는 세상(땅)의 목소리에 귀를 기울이지 않을 수 없다. 내 이웃과 내가 서로 기대어 함께 살아가는 존재들로서 그들에 대한 애정과 연민이 그것이다. 담쟁이는 땅에 뿌리박고 또 덩굴을 지어 함께 살아간다. 공동체적 가치를 말하는 것이다. 지상적 가치를 존중하고 천상적 가치를 우러를 줄 아는 삶을 시인은 지향하고 있음을 알 수 있다. 또한 가식을 버리고 "제게 주어진 그 빛깔 그 모습으로" 주어진 정체성을 그대로 자연스럽게 발현하며 사는 삶을 지향하고 있음도 알 수 있다. 그러한 시인의 지향의식이 담쟁이라는 객관적 상관물을 만난 것이다. 이 담쟁이덩굴을 만났을 때 망설임 없이 카메라를 꺼냈을 것이다. 자신의 생각을 잘 드러내주는 장면을 만났으니 말이다.

시인은 디카시의 창작원리에 충실하여, 내면에 안겨있는 복합적인 정서와 사유, 생각 등을 순간적인 이미지와 결합하여 효과적으로 드러내고 있다. 언어로만 이루어진 일반 시로는 표현하기 어려운 내면세계를 효과적으로 드러내어 디카시만이 지니는 미학을 성취해내고 있음을 본다.